Los 4 Elementos

Texto: **Núria Roca**

Ilustraciones: **Rosa M. Curto**

BARRON'S

Cierra los ojos e imagina el planeta donde vives tú,
tu familia y tus amiguitos y toooodo el resto de la gente
del mundo y los animales y las flores y los microbios.
¡Imagínate toda la Tierra!
Vives en un **planeta** hecho de aire que
te despeina, agua que te moja, fuego que te calienta
y tierra que hace crecer a plantas y árboles.

3

Adivina esta adivinanza: no se puede ver ni tocar, pero está en todas partes. Cuando está en calma, ni siquiera te das cuenta de que está, pero cuando se mueve, sacude las hojas de los árboles, silba en tus oídos y hace bailar la ropa que vistes. A veces **sopla** con tanta fuerza que parece como si no quisiera dejarte andar.

¡Es el aire!

Aspira aire por la nariz y échalo

por la boca. ¿Notas cómo se hinchan

y se deshinchan tus pulmones? Las personas

necesitamos el oxígeno del aire para **respirar.**

Por eso no podemos resistir mucho tiempo bajo el agua.

¿Sabes lo que necesitarías para pasear por el fondo

del mar como si fueses un tiburón?

¡Agallas! Las agallas de un pez pueden extraer aire del

agua y así le permiten respirar.

El **aire** tiene fuerza suficiente para sostener
en el cielo a pájaros, aviones, cometas, globos aerostáticos...
y un montón de cosas más. ¡Tiene tanta **fuerza** que puede
hacer girar las aspas de un molino y generar electricidad!
A veces nos olvidamos de lo importante que es el aire
y lo ensuciamos con los gases de los coches y las fábricas.
¡Pero todos necesitamos aire limpio!
¿ Te **atreves** a nombrar todo
lo que aparece en la página anterior ?

Cuando llueve, el **agua** de las nubes
cae en forma de gotas que mojan todo lo que
encuentran a su paso y resbalan por los vidrios
de las ventanas. Son **gotas** que se
pueden convertir en hielo, en nubes, en mares
y ríos... hasta en lágrimas.

El agua puede ser salada, como la de los **mares** y la de tus lágrimas, o dulce, como la de los ríos y los lagos. La puedes encontrar en los campos, para regar; en el **grifo,** para lavar; en el vaso, para beber; en la olla, para cocinar; o en las mangueras de los bomberos, para apagar el fuego. ¿Has visto cómo el agua está alrededor tuyo todos los días?

¿Has tenido mucha sed alguna vez?

Se sienten unos deseos locos de **beber.**

Con mucha sed, serías capaz de andar y andar sin parar, hasta encontrar una fuente o un pozo, porque el agua es tan importante para nuestro cuerpo que sin ella no podríamos vivir.

En caso de que se secara, la Tierra se quedaría sin plantas, sin animales y sin gente ¿Te imaginas qué triste sería eso?

El agua refresca, y el **fuego...**

¿Qué sientes cuando te acercas a una llama?

El calor resulta muy agradable cuando hace frío, pero si te acercas demasiado te puedes quemar. Y duele muchísimo, así que no lo hagas.

El fuego nunca está quieto: se mueve,
se deja llevar por el viento y salta de un lugar
a otro. Por eso provoca **incendios,**
que pronto se agrandan, se extienden
y lo destruyen todo a su paso.
¡Por suerte tenemos a los bomberos!
Con el fuego, es mejor no jugar.

19

Hace muchos, muchos, muchísimos años,
los humanos no sabíamos cómo encender fuego,
así que por la noche no teníamos nada
que nos sirviese para **iluminarnos,**
excepto la luna o, si había tormenta,
los rayos que caían del cielo.
Y sin fuego, tampoco se podían cocinar
los alimentos, de modo que no había pan,
ni frijoles, ni palomitas...

20

¿Has olido alguna vez la **tierra** después de que ha llovido? ¿Has visto el color que tiene? Puede ser marrón, amarilla, negra... Cuando está húmeda, es divertido jugar a amasar el barro, y lanzar **piedras** para que reboten en el agua. ¿ A que lo has hecho alguna vez?

La tierra esconde mil y un **tesoros:**

semillas, cuevas y túneles, animalitos, raíces de plantas...

También se encuentran objetos antiguos, que han quedado

enterrados y esperan que algún arqueólogo curioso los descubra.

¿Te imaginabas que había tantas cosas bajo tierra?

En nuestro planeta puedes encontrar rocas y metales; valles, montañas y volcanes. Unas veces, el suelo está cubierto de plantas, otras, de nieve, e incluso de agua. Pero debajo hay siempre tierra. Cuando regresas del **campo, ¡**hasta en tu cabello hay tierra**!**

El agua, el aire y el fuego siempre se **mezclan.**
En unas ocasiones trabajan juntos, y en otras, en cambio,
parece que jueguen a llevarse la contraria. ¿Sabes quién
gana a quién? ¡No es nada fácil adivinarlo!

¡Tierra, aire, fuego, agua!

Cuando tus amigos vayan a tu casa, pueden jugar al juego de los cuatro elementos. Todos se sientan en un círculo, excepto uno que queda de pie en el centro, con un pañuelo atado en forma de pelota. Este niño o niña cuenta hasta diez y luego lanza el pañuelo (la «pelota») al regazo de uno de los del grupo al mismo tiempo que grita «tierra», «aire», «agua» o «fuego». Si dice «tierra», el jugador que ha recibido el pañuelo debe dar inmediatamente el nombre de algún animal que viva en tierra; si grita «agua», debe indicar algún pez; si la palabra es «fuego», tiene que nombrar alguna cosa resistente al fuego; y si ha gritado «aire» ha de mencionar algún pájaro. Si se equivoca o deja que quien ha lanzado la pelota cuente hasta diez sin dar ninguna respuesta, tiene que pagar prenda.

¡Suerte!

Flores de colores

¿Sabías que las plantas toman de la tierra el agua para vivir? Para comprobarlo, sólo necesitas unas flores blancas, un trozo de apio, dos vasos de agua y dos colorantes (rojo y azul, por ejemplo).

1. Mezcla en cada vaso uno de los colorantes.

2. Con ayuda de un adulto, parte el tallo de una flor por el centro y en todo su largo, pero sin llegar a cortar la flor.

3. Coloca cada mitad del tallo en un vaso diferente y el apio en uno de los dos (en el del color que prefieras).

4. Deja los vasos en una habitación cálida, y...

5. Al cabo de unas horas, verás que la flor aparece teñida de dos colores, y el apio, sólo de uno: las plantas han absorbido el agua teñida, la cual ha subido hasta los pétalos de la flor y las hojas del apio.

6. Si ahora cortas el tallo del apio, verás los canales por los que sube el agua, ya que han quedado teñidos.

¡Sorprende a un amigo y regálale una flor bicolor!

Ordenemos el suelo

1. Toma un poco de tierra del campo y pon en un recipiente de vidrio cuatro dedos de ella (coloca la mano al lado del recipiente y comprueba que la tierra llegue hasta la altura de tu cuarto dedo).

2. Acaba de llenarlo con agua y lo sacudes todo muy bien.

3. Ahora, espera diez minutos y verás cómo los trozos grandes de roca se van hacia el fondo y los de menor tamaño se mezclan con el agua y la oscurecen,

mientras que en la superficie quedan flotando ramitas, hierbas y restos de plantas y animales, así como también numerosas burbujitas. Estas pequeñas burbujas están llenas del aire que había en el suelo.

Si dejas reposar el recipiente un día entero, al final el agua quedará transparente, porque todos los trocitos habrán descendido al fondo, donde aparecerán perfectamente ordenados: debajo los trozos de roca más grandes, encima los granitos más pequeños y en la capa superior, pequeñísimos granos de arcilla.

Viendo el resultado, ¿puedes imaginar cómo es el fondo del mar?

Hielo que flota

El agua aumenta de volumen cuando se congela, es decir, que ocupa más lugar el agua helada que el agua líquida.

Puedes comprobarlo en casa. Para ello sólo necesitas una botella de vidrio de cuello estrecho, agua y un poco de papel de aluminio.

1. Llena del todo la botella.

2. Cubre la boca de la botella con el papel de aluminio (¡sin apretarlo alrededor del cuello!) y métela en el congelador.

3. Saca la botella del congelador al cabo de unas horas: el agua congelada ocupa más volumen, por lo que ahora ya no cabe en la botella y empuja hacia arriba el papel de aluminio.

Cuando hace mucho frío, el agua de las cañerías se puede congelar; si así sucede, el hielo, al no disponer de espacio suficiente, las revienta.

Como el hielo ocupa más espacio que el agua, pesa menos que ella.

Por esa razón los témpanos de hielo flotan en el mar.

¡El fuego necesita aire!

Busca un recipiente de vidrio muy grande, una vela y una persona adulta para que te ayude. Enciendan la vela y cúbranla totalmente con el recipiente. ¡Cuidado con tocarlo, porque quema! Cuando la llama haya usado todo el oxígeno que hay en el aire...¡la vela se apagará! Por curiosidad, puedes comprobar con un reloj el tiempo que tarda en hacerlo.

Precaución: nunca juegues con fuego cuando estés solo, ya que podrías quemarte o provocar un incendio.

33

Guía para los padres

El viaje de una gota de agua

Del mar vienen las nubes, de las nubes la lluvia, de la lluvia se originan los ríos y de los ríos los mares. Cuando llueve, buena parte del agua caída fluye y se cuela por las fisuras de las rocas permeables y luego circula por el subsuelo, donde puede quedar almacenada durante centenares y miles de años, hasta que brota por una fuente o es extraída de un pozo. Este es el ciclo del agua. Desde el momento en que una molécula de agua se evapora hasta que vuelve al mar, pueden pasar unos días, meses e incluso miles de años si, por ejemplo, cae en forma de copo de nieve en un casquete polar. Y algunas de estas moléculas pasan por nuestro interior cuando tomamos agua, ya sea en forma de bebida o como alimento (todos los alimentos contienen agua, en mayor o menor proporción). El agua circula por todas partes y se recicla una y otra vez. Por desgracia, el ser humano con frecuencia la contamina, al utilizarla para lavar, regar los campos y en diferentes procesos industriales. Por eso es tan importante que la depuremos antes de devolverla al medio. Si no lo hiciéramos, el agua sucia lo iría contaminando todo, con lo cual terminaría apagándose la vida en el planeta.

Agua escasa

Sin agua no puede haber plantas, ni animales ni personas. Antiguamente, los seres humanos se agrupaban cerca de los lugares donde podían encontrar agua. Pero poco a poco fueron (fuimos) aprendiendo diferentes técnicas para obtener agua, almacenarla y transportarla donde sea necesaria. Pero no todos contamos con abundante agua. En muchas zonas del mundo, el agua es un bien escaso que es preciso economizar. En regiones extremadamente áridas, la gente a menudo anda durante horas para llegar al pozo más cercano, y los pozos acaban a veces por secarse.

Aire para el fuego

El fuego se produce cuando hay un combustible (como la madera), oxígeno (contenido en el aire) y calor suficiente. Cuando el gas que se desprende del combustible se quema, aparece la llama. Lo que el fuego hace es transformar las materias en luz y calor. Por ejemplo, la gasolina es un combustible que arde en el interior del motor. Por otra parte, hay también muchísimos materiales que no arden, y cuando se calientan se ponen al rojo vivo y desprenden luz y calor, como sucede con los metales y el magma de los volcanes. Estos materiales se recalientan tanto que también se identifican con el fuego, aunque no produzcan llama.

Ante un incendio

Se pueden aprovechar las páginas que describen el fuego para hablar de algunas normas de seguridad. Por pequeños que sean, los niños deben saber cómo actuar en caso de incendio. He aquí algunas normas: Tapar el recipiente que se ha incendiado, sin echar agua en ningún caso. Desconectar de la electricidad los aparatos que se estén quemando. Si el incendio afecta a un edificio, cerrar el suministro de gas. Ponerse en la boca un pañuelo mojado y una toalla empapada alrededor de la cabeza y avanzar a ras del suelo (donde no se acumulan tantos gases tóxicos). Bajar por las escaleras, sin utilizar los ascensores. Si el fuego está localizado en pisos inferiores, dirigirse a la terraza y hacerse ver por los equipos de rescate. Cerrar detrás de nosotros puertas y ventanas para evitar las corrientes de aire, que avivan el fuego y lo ayudan a propagarse. No correr en caso de que se prenda la ropa, sino envolverse en una manta y rodar por el suelo a fin de sofocar las llamas. En los locales públicos, es una buena costumbre averiguar en cuanto entramos dónde se encuentran las salidas de emergencia. Insistan a los niños de que no hay que dejarse llevar por el pánico: perder unos segundos en pensar en todas las posibilidades puede servir de mucho.

Aire

Aunque no se vea, los niños pueden imaginar el aire como formado por pequeñísimas bolitas que se mueven y chocan entre ellas sin cesar. Se mueven tanto, que cuando se hincha de aire un globo, las bolas chocan constantemente con su pared y la mantienen tensa. Aunque no lo parezca, el aire pesa. Y lo que llamamos presión atmosférica es el peso de todo el aire que hay sobre nosotros. A medida que nos elevamos del suelo, el aire se hace menos denso y pesa menos, ya que la capa de aire que hay por encima de nosotros es menor. Y la capa va disminuyendo cada vez más, hasta que superados los mil kilómetros deja de existir: en el espacio no hay aire, porque todas las bolitas quedan atrapadas por la fuerza de gravedad terrestre.

El viento

El viento es el aire en movimiento. El aire caliente pierde densidad y flota sobre el aire frío, que es más denso. De esta manera se originan los vientos en el mundo. El sol calienta de manera diferente las distintas zonas del planeta, e incluso, en una misma zona no calienta igual una masa rocosa que un área de bosque. Estos movimientos del aire son los que originan los vientos, desde las suaves brisas marinas hasta los grandes huracanes. La intensidad con que soplen dependerá de las temperaturas que reinan.

El suelo bajo los pies

El suelo que pisamos resulta de la erosión, es decir, la disgregación y la descomposición que experimentan las rocas debido a la acción del agua, el viento y los cambios de temperatura. Sobre las rocas actúa una infinidad de gusanos, bacterias y hongos que, además de airear el suelo, contribuyen a formarlo. Si observamos el suelo, comprobaremos que está formado por una mezcla de humus, pedacitos de roca, arena, arcilla y limo. En los desiertos y en las playas, casi todo el suelo está constituido por arena. Se trata de suelos que no retienen el agua, razón por la cual son pobres en vida animal y vegetal. Los suelos arcillosos se distinguen en seguida porque cuando están húmedos lo embarran todo (se adhieren a la piel o a las herramientas) y su tierra se puede moldear con facilidad (las piezas de cerámica se elaboran con material procedente de este tipo de suelos). Cuando están húmedos, estos suelos no permiten que el agua se filtre hacia las capas profundas, pues son prácticamente impermeables, y cuando se secan se agrietan y ofrecen un aspecto muy característico. Los suelos con abundante humus tienen una tonalidad oscura y se encuentran repletos de restos, tanto animales como vegetales (hojas secas, ramitas, frutos...). Retienen bien el agua, de manera que son muy fértiles y están llenos de vida microscópica. Son los suelos típicos de los bosques húmedos.

LOS 4 ELEMENTOS

Texto: Núria Roca

Ilustraciones: Rosa M. Curto

Diseño y maquetación: Gemser Publications, S.L.

Primera edición para Estados Unidos y Canadá
(derechos exclusivos) y el resto del mundo (derechos
no exclusivos) publicada en 2006 por Barron's
Educational Series, Inc.

© Gemser Publications, S.L. 2005
El Castell, 38   08329 Teià (Barcelona, España)
www.mercedesros.com
e-mail: info@mercedesros.com

Reservados todos los derechos. Prohibida la reproducción
total o parcial de esta obra mediante cualquier medio o
procedimiento, comprendidos la impresión, la reprografía,
el microfilm, el tratamiento informático o cualquier
otro sistema, sin permiso escrito del propietario
de los derechos.

Dirigir toda solicitud de información a:
Barron's Educational Series, Inc.
250 Wireless Boulevard
Hauppauge, New York 11788
http://www.barronseduc.com

ISBN-13: 978-0-7641-3315-2
ISBN-10: 0-7641-3315-2

Número de Control de la Biblioteca del Congreso:
   2005931465

Printed in China
9 8 7 6 5 4 3 2 1